Tinker et Moi

– Un voyage à Paris –

Texte et illustrations de

S. Kay Morrison

TwinHouse Publishing
Seattle, WA

Copyright © 2015 S. Kay Morrison

All rights reserved. This book or any portion thereof may not be reproduced or used in any manner whatsoever without the express written permission of the publisher except for the use of brief quotations in a book review. Requests for permission should be addressed to: twinhousepublishing@gmail.com

Printed in the United States of America

First Printing, 2015

ISBN: 978-0-9861958-0-8

TwinHouse Publishing
Seattle, WA

Interior layout by Seattle Book Design

Cover design by everyone and their dog, including Angie Agostino and S. Kay Morrison

À mes enfants, Frannie et Keller,

et

à ma grand-mère, Annie Henry, qui ne m'a jamais fait manger quelque chose qui ne me plaisait pas.

Un grand merci à mon professeur de français, Hadrien Hardoux, pour ses contributions au développement de cette histoire.

Prologue

Quand j'ai décidé d'apprendre le français, je n'ai pas pris en compte deux obstacles : le vocabulaire et la grammaire !

Apparemment, les Français ont leurs propres mots pour presque tout et ils mettent ces mots à des endroits qu'un anglophone considèrerait comme bizarres. Par exemple, je n'habite plus dans une « jaune maison, » mais une « maison jaune. »

Dans ma quête de parler français couramment, on m'a suggéré d'écrire de courtes conversations quotidiennes en français, une tâche que j'ai prise à coeur, mais pas toute seule.

Et aussi difficile que l'apprentissage de cette langue ait été pour moi, j'ai trouvé un certain réconfort dans le fait que c'était encore plus difficile pour mon chien.

La question

TINKER: Excusez-moi de vous déranger, mais j'ai une question.

MOI: Je t'écoute.

TINKER: Est-ce que je peux vous tutoyer ?

MOI: Non.

TINKER: Pourquoi pas ?

MOI: Parce que tu es un chien.

TINKER: Comment ? Je ne suis pas « UN » chien. Je suis un chien fille.

MOI: Ouais, je sais, mais le problème avec « UN » ou « UNE » en ce qui concerne les chiens est un sujet délicat. Tu es un chien et puis c'est tout. Fais-moi confiance.

TINKER: Mais je pense que...

MOI: Non, non, non. Ne pense pas. Crois-moi sur ce coup là.

TINKER: D'accord, si vous insistez. Et, ma question ?

MOI: Quelle question ?

TINKER: Est-ce que je peux vous tutoyer ?

MOI: Non.

TINKER: Pourquoi pas ?

MOI: Parce que tu es un chien !

TINKER: Mais, ça fait longtemps qu'on se connaît et qu'on est amies.

MOI: Ça ne fait rien, tu es quand même un CHIEN !

TINKER: Mais, je suis un chien spécial.

MOI: Pourquoi tu penses que tu es un chien spécial ?

TINKER: Parce que je suis française.

MOI: Et pourquoi tu penses que tu es française ?

TINKER: Parce que je suis un Bichon Frisé.

MOI: Ah oui, dans ce cas, tu dois être française.

TINKER: Eh bien, puisqu'on a établi que je suis un chien spécial français, est-ce que ça veut dire que je peux vous tutoyer ?

MOI: Non !

Pas un mot

TINKER: Qu'est-ce que vous faites ?

MOI: Mes devoirs.

TINKER: Quels devoirs ?

MOI: Pour mon cours de français.

TINKER: Cours de français ? Pourquoi est-ce que vous apprenez le français ?

MOI: Parce que je vais en France pour mes vacances.

TINKER: Ouah ! C'est super ! Peut être que je peux vous aider avec votre leçon. Après tout, je suis française.

MOI: Ouais, je sais. Cependant, je ne veux pas briser tes illusions, mais ton français n'est pas très bon. En fait, tu ne parles pas français du tout. Tout bien considéré, c'est plutôt décevant.

TINKER: Et vous alors ! Vous êtes suisse, mais vous ne parlez pas suisse !

MOI: Ne sois pas ridicule, personne ne parle suisse !

TINKER: Personne ne parle suisse ?

MOI: Non, personne !

TINKER: Pas même les Suisses ?

MOI: Pas un mot !

TINKER : Pas un mot ?

MOI : Pas un mot !

TINKER : Eh bien ! Ça doit être drôlement calme la Suisse !

MOI : Ouais, très calme !

La météo?

TINKER: Vous êtes occupée ?

MOI: Ouais, je dors.

TINKER: Vraiment ?

MOI: Ouais, vraiment. En général, c'est ce que je fais au milieu de la nuit.

TINKER: Je n'arrive pas à dormir. Je pensais à notre voyage en France.

MOI: Attends ! Quand tu dis « NOTRE, » tu veux dire toi et moi ? Ah là là. Il faut qu'on parle, mais pas maintenant. Allonge-toi et essaie de t'endormir !

TINKER: D'accord. Mais une dernière chose, s'il vous plaît.

MOI: Quoi ?

TINKER: Je me demandais si les hivers en France sont froids et pluvieux comme ici.

MOI: Il n'y a pas d'hiver en France. Va te coucher, s'il te plaît !

TINKER: Pas d'hiver ? Donc, il n'y a que le printemps, l'été et l'automne ?

MOI: Non, ils n'existent pas non plus. Il n'y a pas de météo en France. Va dormir !

TINKER: Pas de météo en France ? Nom d'un chien ! Ce n'est pas possible.

MOI: Si, si, ça l'est.

TINKER: Je ne vous crois pas.

MOI: Bon ! Je vais te poser une question. Quand on écoute le bulletin météo le matin, est-ce que tu les a déjà entendus parler de la météo en France ?

TINKER: Non.

MOI: Tu sais pourquoi ?

TINKER: Non.

MOI: PARCE QU'IL N'Y A PAS DE MÉTÉO EN FRANCE !!! Donc, peut-être que tu devrais prendre un moment pour réfléchir à ça ! Je me rendors.

TINKER: Moi aussi. Je suis sûre que ce sera plus logique demain.

MOI: J'en doute...

Une queue à remuer

TINKER : Excusez-moi, mais je peux vous poser une question ?

MOI : Bien sûr.

TINKER : Il y a des Français en France ?

MOI : Ça dépend. Pourquoi tu veux savoir ?

TINKER : Ben, s'il y a des Français en France, on devrait y aller.

MOI : Pourquoi ?

TINKER : Pour que je puisse faire connaissance avec mon peuple.

MOI : Tu es sérieuse ? Est-ce que je viens d'entendre « MON PEUPLE ? »

TINKER : Oui, c'est ce que j'ai dit.

MOI : Tu n'as pas de peuple.

TINKER : Je n'ai pas de peuple ?

MOI : Non.

TINKER : Qu'est-ce que j'ai alors ?

MOI : Une queue !

TINKER : UNE QUEUE ? Ah bon ? Où ça?

Bonjour Texas

🐾 🐾 🐾

TINKER : Est-ce que vous avez déjà été en France ?

MOI : Non, mais j'ai traversé Paris une fois.

TINKER : Mais vous venez de dire que vous n'avez jamais été en France.

MOI : Non, je n'ai jamais été en France.

TINKER : Mais Paris est en France.

MOI : Eh bien, je n'ai jamais été à ce Paris là.

TINKER : Il y a un autre Paris ?

MOI : Bien sûr, Paris au Texas.

TINKER : Ah bon ? C'était comment ? Est-ce qu'ils parlent français là-bas ?

MOI : Oui, je crois parce qu'ils parlaient avec un drôle d'accent et je ne comprenais pas ce qu'ils disaient.

TINKER : Par exemple ?

MOI : Par exemple « Sup y'all ! »

TINKER : « Sup y'all ? » Qu'est-ce que ça veut dire ?

MOI : Je pense que c'est comme ça qu'on dit « Bonjour » en français.

TINKER : C'est cool ! Je devrais apprendre le français. Après tout, je suis un Bichon.

MOI : Ouais, bonne idée. Je dois y aller.

TINKER : D'accord. Je vais rester ici et travailler mon « Bonjour » en français. Comment on le dit déjà ?

MOI : Sup y'all !

TINKER : Merci.

MOI : Euh, attends, je pense qu'il faut peut-être mettre un « Yo ! » devant le « Sup ! »

TINKER : Comme ça « Yo ! Sup y'all ! »

MOI : Oh ouais, c'est parfait. Les Français seraient impressionnés !

TINKER : Merci encore.

MOI : Crois-moi, tout le plaisir était pour moi, vraiment !

Un drôle d'accent

TINKER : Vous savez à quoi je pensais ?

MOI : Euh... Tu pensais ?

TINKER : Oui.

MOI : Ah là là, je ne sais pas si c'était une bonne idée.

TINKER : Pourquoi ?

MOI : La pensée est une affaire assez compliquée et très mauvaise pour le cerveau. Si j'étais toi, je ne penserais pas trop.

TINKER : Mais c'est important !

MOI : Ok, qu'est-ce qui est si important ?

TINKER : Je pensais qu'on devrait aller à Paris.

MOI : C'est trop loin pour que « NOUS » y allions.

TINKER : Pas ce Paris, je veux dire le Paris au Texas.

MOI : Pourquoi est-ce qu'on devrait y aller ?

TINKER : Pour que je puisse travailler mon accent français.

MOI : Non, non, non ! Tu as mal compris. Je n'ai pas dit qu'ils parlaient avec un accent français ; j'ai dit qu'ils parlaient avec un drôle d'accent. Tu vois, c'est le problème avec la pensée !

TINKER: Je vois ce que vous voulez dire. Vous croyez que les gens de l'autre Paris, celui en France, parlent avec un drôle d'accent ?

MOI: Non, ils parlent avec un accent français.

TINKER: Ah, je comprends. Quand les Français parlent français, ils ne parlent pas avec un drôle d'accent, ils parlent avec un accent français. Mais, quand vous parlez français, est-ce que vous parlez avec un drôle d'accent ?

MOI: Non, je parle avec un accent américain, bien que je sois sûre que les Français le trouvent drôle.

TINKER: Attendez, je ne comprends plus ! Vous avez dit que vous parlez anglais donc pourquoi est-ce que vous ne parlez pas français avec un accent anglais.

MOI: Parce que je ne suis pas anglaise. Les Anglais parlent français avec un accent anglais. En fait, les Anglais parlent même anglais avec un accent anglais. C'est drôle !

TINKER: L'accent anglais est drôle ?

MOI: Non, ce que j'ai dit était drôle !

TINKER: Ah là là. Je suis complètement perdue ! Vous aviez raison, la pensée est une affaire compliquée, ça m'a donné mal à la tête.

MOI: Ouais, tu ne devrais pas penser trop fort !

TINKER: Ah, oui, c'est un bon conseil.

Voilà!

TINKER: J'ai quelque chose à vous montrer.

MOI: Qu'est-ce que c'est ?

TINKER: Voilà ! Mon Passeport !

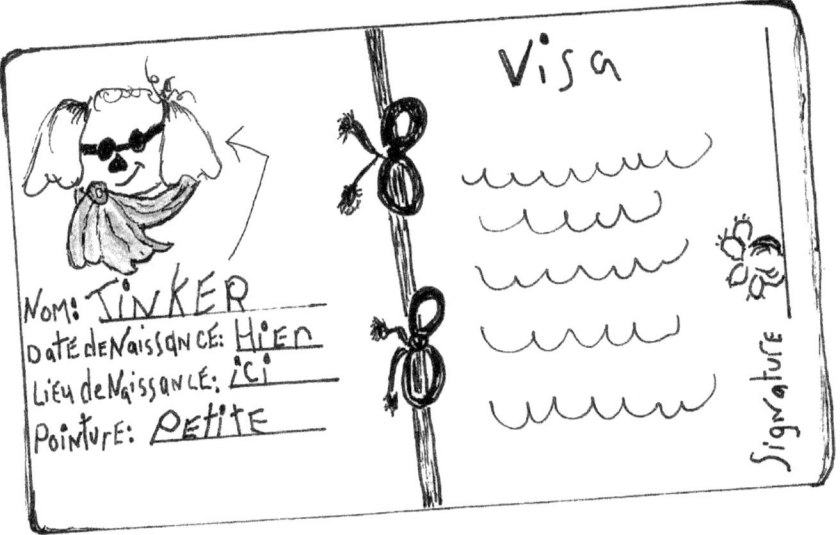

MOI: Ouah Tinker, tu as fait ça toi-même ?

TINKER: Oui, c'est mon premier passeport. J'en suis très fière.

MOI: Ouais, il a presque l'air authentique.

TINKER: Merci. J'ai aussi dessiné ma photo. Je pense que j'ai l'air très chic. Vous connaissez le mot « chic ? » C'est un mot français ; ça veut dire « chic » en français.

MOI: Ouais, ben, merci pour le vocabulaire. À plus tard.

TINKER: Attendez, s'il vous plaît. Puisque j'ai un passeport, on peut aller à Paris, celui en France. Il faut avoir un passeport pour voyager à l'étranger. Vous savez ce que ça veut dire ? Ça veut dire aller dans un pays étrange, et la France est un pays étrange.

MOI: Tu veux dire un pays « étranger. »

TINKER: Qu'est-ce qu'un pays étranger ?

MOI: Un pays étranger est un pays à l'étranger.

TINKER: Donc, la France est un pays étranger étrange à l'étranger ! Ah, je vois.

MOI: Ouais, ta compréhension me stupéfie. Puisque tu as un passeport, tu devrais faire ta valise.

TINKER: Pourquoi ?

MOI: Pour notre voyage à Paris.

TINKER: Est-ce que vous avez dit « NOTRE » dans le sens de « VOUS et MOI ? »

MOI: Ouais, « toi et moi, » « nous, » ou « on, » peu importe comment tu le dis, on part demain !

TINKER: Demain ?

MOI: Ouais, demain. Je dois y aller. À tout à l'heure.

TINKER: À tout à l'heure… MOI, à PARIS !!! OH LÀ LÀ ! C'EST TELLEMENT IMPORTANT D'AVOIR UN PASSEPORT !

L'inconvénient

TINKER : Pour notre voyage, je ne vais pas emporter mes vieilles pantoufles parce que je veux en acheter une nouvelle paire en France. Est-ce que vous pensez qu'ils ont ma pointure là-bas ?

MOI : Quelle est ta pointure ?

TINKER : Je chausse du 3.

MOI : C'est ta pointure aux États-Unis, mais en France, tu chausserais du 18.

TINKER : 18 ! C'est trop grand ! Je n'ai pas de grands pieds !

MOI : Non, non, non. Tu vois, les pointures aux États-Unis et les pointures en France sont différentes. Par exemple, aux États-Unis, je chausse du 7, mais en France, je chausse du 39.

TINKER : 39 ! C'est énorme ! Est-ce que tout le monde en France a de grands pieds ?

MOI : Ouais, bien sûr. C'est l'inconvénient d'être français.

TINKER : Mais je ne veux pas de grands pieds.

MOI : Dans ce cas, si j'étais toi, je n'achèterais pas de pantoufles là-bas.

TINKER : C'est un bon conseil. Merci.

MOI : Comme toujours, tout le plaisir est pour moi.

L'essentiel

❦ ❦ ❦

> Ma liste pour Paris
> 1. Mon passeport
> 2. Ma tirelire (pour les souvenirs)
> E. Mes pantoufles
> 5. Mes lunettes de soleil!
> 4b. Mes colliers (surtout les plus chics)
> 7. Mon portable

MOI : Hé Tinker, tu as oublié ta brosse à dents.

TINKER : C'est quoi une brosse à dents ?

MOI : C'est une brosse pour les dents.

TINKER : Je ne savais pas. Donc, je devrais prendre une brosse pour mes dents ?

MOI : Bien sûr, tu ne peux pas aller à Paris sans brosse à dents.

TINKER : Pourquoi pas ?

MOI : Je ne sais pas. Je crois que c'est interdit par la loi.

TINKER : Mais, je n'ai pas de brosse pour mes dents.

MOI : Ne t'inquiète pas, je t'en achèterai une.

L'essentiel révisé

Ma liste révisée
1. Mon passeport
2. Ma tirelire (pour les souvenirs)
E. Mes pantoufles
7. Mes lunettes de soleil
22. Mes colliers (surtout les plus chics)
7. Mon portable
5E. Ma brosse pour mes dents

TINKER : C'est tout. On peut partir maintenant ?

MOI : Ouais. Ah, au fait, j'ai remarqué que tu avais appris à compter.

TINKER : Oui, je peux compter jusqu'à cent.

MOI : Ouais, malheureusement pas dans l'ordre.

TINKER : Comment ?

MOI : Rien, allons-y !

Le départ

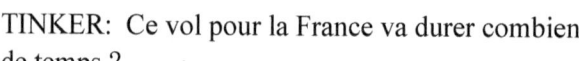

TINKER : Ce vol pour la France va durer combien de temps ?

MOI : Environ dix heures.

TINKER : C'est long. Qu'est-ce qu'on va faire ?

MOI : Je vais dormir.

TINKER : Moi, je ne vais pas pouvoir fermer l'oeil. J'ai trop hâte !

Le vol

TINKER: Psitt ! Psitt ! Psitt !

MOI: Quoi !

TINKER: Super ! Je suis contente que vous ne dormiez pas parce que j'ai une question.

MOI: Quoi ?

TINKER: On est arrivées ?

MOI: Est-ce qu'on dirait qu'on est arrivées ?

TINKER: Non.

MOI: Alors, on n'est pas arrivées. Je me rendors !

TINKER: Une dernière chose.

MOI: Quoi ?

TINKER: Quand est-ce qu'on arrive ?

MOI: Vers 5h30 du matin.

TINKER: Comment c'est possible ? On est parties à 10h30 ce matin.

MOI: On ne va pas arriver ce matin, on va arriver demain.

TINKER: Mais, vous m'avez dit que notre vol durait dix heures.

MOI: Ouais, notre vol dure dix heures.

TINKER : Dans ce cas, on devrait arriver à 20h30, n'est-ce pas ?

MOI : Tout d'abord, j'adore la partie « n'est-ce pas. » C'est si français. Et deuxièmement, on a perdu neuf heures.

TINKER : QUOI ? On a perdu neuf heures ? Où est-ce qu'on les a perdues ?

MOI : Dans l'avion.

TINKER : Comment est-ce qu'on va faire ?

MOI : Tu peux aller les chercher si tu veux ?

TINKER : Je dois chercher où ?

MOI : Si j'étais toi, je chercherais en première classe.

TINKER : Où est la première classe ?

MOI : Elle est à l'avant.

TINKER : Ok, je reviens tout de suite.

MOI : Prends ton temps. Je vais me rendormir.

. . . . . .

MOI : Déjà de retour ?

TINKER : Il n'y a pas d'objets trouvés en première classe.

MOI : C'est dommage.

TINKER : Effectivement. Au fait, qu'est-ce que ça veut dire « OUSTE ! » ?

MOI : Je ne suis pas sûre, mais je crois que c'est comme ça qu'on dit « À bientôt ! » en français.

TINKER : Ah bon ?

MOI : Ouais. Tu dois te rappeler ce mot, tu vas probablement beaucoup l'entendre en France.

TINKER : Merci, c'est bon à savoir. Et nos heures perdues ?

MOI : Ne t'inquiète pas, on les retrouvera au retour.

TINKER : Vous pensez qu'elles seront encore là ?

MOI : Ouais, je suis sûre qu'on les récupérera.

TINKER : Ah, super ! Je vais faire une sieste. Je suis épuisée, le temps est difficile à trouver !

MOI : Ça, tu l'as dit !

. . . . .

TINKER : Psitt ! **Psitt !** C'est encore loin ?

Presque arrivées

TINKER: Est-ce qu'on est arrivées à Paris ?

MOI: Non, on est à l'aéroport.

TINKER: On est de retour à l'aéroport.

MOI: Non, pas cet aéroport. On est à l'aéroport Charles De Gaulle en France.

TINKER: Est-ce que ça veut dire qu'on est à Paris ?

MOI: Non, ça veut dire qu'on est à l'aéroport Charles De Gaulle. Paris est à environ 25 kilomètres d'ici.

TINKER: Qu'est-ce que c'est un kilomètre ?

MOI: C'est un mini mile.

TINKER: Ah là là, comment est-ce qu'on va arriver à Paris ?

MOI: On peut prendre le RER, le bus, ou un taxi.

TINKER: Un taxi, ce serait marrant.

MOI: Oui, mais les taxis coûtent très cher.

TINKER: Combien ça coûterait d'en prendre un ?

MOI: Ça coûterait à peu près 70 euros.

TINKER: Ah, pas de problème ! Quand vous avez dit très cher, je pensais que vous vouliez dire que ça coûterait beaucoup d'argent.

MOI : L'euro est une monnaie, c'est comme le dollar. Si on payait en dollars, ça coûterait environ 100 dollars.

TINKER : Dans ce cas, on devrait payer en euros, ça coûterait moins cher.

MOI : Ouais, Tinker, bien pensé. On s'offre un taxi.

Qu'est-ce que c'est?

TINKER: Oh là là, c'est quoi ça ?

MOI: C'est la Tour Eiffel.

TINKER: C'est quoi une Tour Eiffel ?

MOI: C'est un point de repère.

TINKER: C'est quoi un point de repère ?

MOI: C'est une structure spéciale qui définit un endroit spécifique.

TINKER: Et la Tour Eiffel ça définit quel endroit ?

MOI: Paris. La Tour Eiffel est un point de repère très célèbre. Quand les gens la voient, ils pensent à Paris.

TINKER: Ah, donc, la Tour Eiffel est un point de repère très important ?

MOI: Oui, Paris ne serait pas ce que c'est sans elle.

TINKER: Ce serait quoi alors ?

MOI: Rome !

Quel étage ?

TINKER : Est-ce que notre chambre est au troisième étage ?

MOI : Ouais.

TINKER : Mais, on est au quatrième.

MOI : Non, on est au troisième.

TINKER : Non, non, j'ai compté et on est au quatrième étage.

MOI : Ah, ouais, j'avais oublié que tu savais compter ! Et tu as compté jusqu'à quatre, et dans l'ordre. Ouah ! Je suis impressionnée, sauf qu'on est au troisième étage.

TINKER : Vous voulez dire que notre chambre est au quatrième troisième étage ?

MOI : Ah, non. Tu vois, les Français comptent d'une manière un peu compliquée. Quand ils comptent les étages, ils ne commencent pas par le premier étage, ils commencent par le rez-de-chaussée.

TINKER : Les Français ont un nom pour le premier étage ? Est-ce qu'ils ont un nom pour le deuxième étage ?

MOI : Ouais, le premier étage.

TINKER : Donc, le deuxième étage a deux noms, le premier étage et le deuxième étage.

MOI : Non, le deuxième étage s'appelle le troisième étage.

TINKER : Et voilà, on est à notre troisième-quatrième étage. Maintenant je comprends. Vous aviez raison, c'est plus compliqué que ce que je pensais. Ah là là, les Français doivent trouver ça très déroutant.

MOI : Tu es bien placée pour parler...

La grande ville

TINKER: Notre chambre est charmante.

MOI: Regarde par la fenêtre.

TINKER: Oh la vache ! Paris est une grande ville !

MOI: Ouais.

TINKER: Est-ce qu'il y a beaucoup de gens ici ?

MOI: Ben oui, il y a plus de deux millions de Parisiens.

TINKER: Non, pas de Parisiens, des gens, j'ai dit « des gens. »

MOI: Les Parisiens sont des gens, ce sont des gens qui vivent à Paris.

TINKER: Ah là là, c'est décevant.

MOI: Ah bon, pourquoi ?

TINKER: Parce que je pensais qu'il y aurait des Français à Paris.

MOI: Les Parisiens sont des Français qu'on appelle Parisiens parce qu'ils vivent à Paris.

TINKER: Ah, je vois. Puisqu'on est à Paris, est-ce que ça veut dire qu'on est des Parisiennes ?

MOI: Non.

TINKER: Si on n'est pas des Parisiennes, qu'est-ce qu'on est ?

MOI: Des touristes.

TINKER: Des touristes ? C'est quoi, ça ?

MOI: Des gens perdus.

TINKER: Est-ce qu'on est perdues ?

MOI: Pas encore !

Tous les chemins mènent au fromage

TINKER : Ah là là ! On m'a dit qu'il n'y avait pas de météo en France.

MOI : C'est ridicule. Je ne sais pas qui t'a dit une telle bêtise ! Mais c'est pas grave. On va prendre le petit déjeuner.

TINKER : C'est quoi un petit déjeuner ?

MOI : C'est le repas du matin.

TINKER : Ah, je vois, mais je suis affamée donc je devrais peut-être prendre un grand déjeuner.

MOI : Tu veux dire un grand petit déjeuner.

TINKER : Comment est-ce que ça peut être grand et petit en même temps ? Je ne comprends pas.

MOI : Rien ne sert de comprendre, surtout quand on a faim. Allons manger !

TINKER : D'accord, mais est-ce que vous pensez qu'ils ont de la nourriture pour chien en France ?

MOI : Non.

TINKER : Qu'est-ce qu'ils ont alors ?

MOI : De la nourriture française.

TINKER : C'est quoi la nourriture française ?

MOI : C'est le fromage.

TINKER : LE FROMAGE ! J'ADORE LE FROMAGE ! Oh là là, je suis tellement française !!

Le tuyau

TINKER: C'est facile le français. Je connais déjà beaucoup de mots en français.

MOI: Ah bon ? Lesquels ?

TINKER: Alors, je connais : taxi, fromage, taxi, hôtel, pain au chocolat, s'il vous beaucoup et merci vous plaît !

MOI: Ouah Tinker ! Tu es pratiquement bilingue. Tu vas bien te débrouiller à Paris.

TINKER: Je sais ! « Pain au chocolat » est mon mot préféré parce que les pains au chocolat sont tellement délicieux !

MOI: C'est aussi trois mots. Et d'ailleurs, juste un truc, tu devrais arrêter de dire « Yo, sup y'all. » Ici on dit simplement « Bonjour. »

TINKER: Ah, c'est bon à savoir. Merci pour le tuyau.

MOI: De rien.

TINKER: J'ai deux questions pour vous.

MOI: Ok, vas-y.

TINKER: Puisqu'on est compagnons de voyage, est-ce que je peux vous tutoyer ?

MOI: Non ! Deuxième question ?

TINKER: Est-ce qu'on est perdues ?

MOI: Complètement !

Et les mauvaises nouvelles

MOI : Il va faire beau aujourd'hui, tu veux faire une promenade ?

TINKER : Vous me demandez si je veux faire une promenade avec vous ? Est-ce que ça veut dire que je peux vous tutoyer ?

MOI : Non !

TINKER : Dans ce cas, je pense que je préfère rester ici et finir la lecture du journal.

MOI : Quand est-ce que tu as appris à lire ?

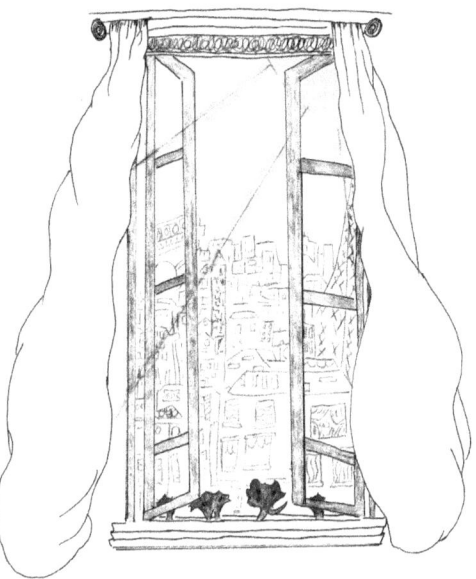

TINKER : Ce matin.

MOI : Sans blague ! Et il est seulement 9h30.

TINKER : J'apprends vite, je suis une élève douée.

MOI : Tu n'es pas une élève, tu es un chien.

TINKER : Oui, mais douée tout de même.

MOI : Bon, eh bien, dis-moi, qu'est-ce qu'il y a dans le journal aujourd'hui ?

TINKER : Euh... pas grand chose, rien d'inhabituel.

MOI : C'est à dire ?

TINKER: Vous savez, un peu de ceci et un peu de cela.

MOI: Non, je ne sais pas. Tu pourrais être plus précise ?

TINKER: Bien sûr. Voyons voir. . .euh. . . Il y a quelques bonnes nouvelles et quelques mauvaises nouvelles.

MOI: Donc, dis-moi, quelles sont les bonnes nouvelles que tu as lues ?

TINKER: Eh bien, j'ai lu qu'il allait faire beau aujourd'hui.

MOI: Ouah ! Qui l'aurait su ? Merci pour l'info !

TINKER: Mais de rien.

MOI: Et maintenant, les mauvaises nouvelles ?

TINKER: Hmmmm. . .

MOI: Laisse-moi t'aider avec ça - les mauvaises nouvelles sont que tu tiens le journal à l'envers !

Un nom étrange

TINKER : Vous avez fait une bonne promenade ?

MOI : Oui, merci.

TINKER : Vous êtes allée où ?

MOI : J'ai marché jusqu'au Pont Neuf.

TINKER : C'est lequel, celui-là ?

MOI : C'est le vieux pont. En fait, c'est le plus vieux pont de Paris.

TINKER : Pourquoi est-ce qu'on l'appelle le nouveau pont si c'est un vieux pont ?

MOI : Je ne sais pas. Sûrement parce qu'autre fois c'était un nouveau pont.

TINKER : Mais il n'est plus nouveau. Ils ne devraient plus l'appeler le Pont Neuf.

MOI : Qu'est-ce qu'ils devraient l'appeler ?

TINKER : Ils devraient l'appeler le Pont Ancien !

MOI : S'ils l'appelaient le Pont Ancien, personne ne saurait de quoi ils parlent.

TINKER : Ils parleraient du Pont Neuf bien sûr !

MOI : Exactement !

TINKER : Quoi ? Est-ce que je suis passée à côté de la question ?

MOI : Euh . . . allô la lune ? Ici la terre !

Monsieur qui?

TINKER : Qui est Louis « Xive ? »

MOI : Louis qui ?

TINKER : Je n'arrive pas à prononcer son nom, mais je crois que c'est un Louis important.

MOI : Pourquoi tu crois ça ?

TINKER : Parce qu'il écrit son nom de famille en majuscules.

MOI : Comment il écrit son nom ?

TINKER : Avec un « X » majuscule, un « I » majuscule et un « V » majuscule.

MOI : C'est quatorze, Louis XIV !

TINKER : C'est une étrange façon d'écrire « quatorze. »

MOI : Ah, non, ce ne sont pas des lettres, ce sont des chiffres.

TINKER : Les Français ont une drôle de façon d'écrire leurs chiffres.

MOI : Ce ne sont pas des chiffres français, ce sont des chiffres romains.

TINKER : Ah, je vois, Monsieur Quatorze est italien.

MOI : Non, il n'est pas italien, il est français et son nom n'est pas « Monsieur Quatorze ! »

TINKER: Mais, je ne connais pas Monsieur Quatorze. Ce serait très impoli de l'appeler « Louis. »

MOI: Tu as raison, tu devrais l'appeler « Monsieur Quatorze ! »

TINKER: Vous connaissez Monsieur Quatorze ?

MOI: Non, pas personnellement.

TINKER: Je crois que Monsieur Quatorze est très connu en France. J'espère que je pourrai le rencontrer.

MOI: Ouais, ben bonne chance !

Art à la mode

TINKER: Ah là là, je suis si fatiguée. Il n'y avait pas de place ici pour faire une sieste !

MOI: C'est parce que les gens ne viennent pas ici pour faire la sieste. C'est le Musée du Louvre, ils viennent ici pour voir de l'art.

TINKER: Ah, bien sûr. J'adore l'art. Demain, je vais acheter une nouvelle boîte de crayons de couleur !

MOI: Super ! Maintenant essayons de trouver un café. J'ai faim et je veux m'asseoir.

TINKER: Moi aussi. Au fait, qui était votre artiste préféré ?

MOI: Je les aime tous.

TINKER: Vous pouvez deviner qui était mon artiste préféré ?

MOI: Non.

TINKER: Devinez !

MOI: Je ne veux pas deviner ! Je veux m'asseoir et manger quelque chose.

TINKER; D'accord. Alors, je vais vous le dire. Mon artiste préféré était Monsieur Renoir. Il utilisait beaucoup de jolies couleurs. Ces images sont très impressionnantes.

MOI: Bien sûr, qu'elles le sont ! C'était un impressionniste !

TINKER: Ah, oui, je vois exactement ce que vous voulez dire !

MOI: J'en doute.

TINKER: Comment ?

MOI: Rien, allons-y.

TINKER: D'accord. Voulez-vous savoir ce que je pense ?

MOI: Non.

TINKER: Je pense qu'ils devraient donner de nouveaux bras et des vêtements sympas à la dame qui n'a pas de bras et de vêtements sympas. Elle aurait une fière allure dans un beau pull, une vraie jupe, peut-être une paire de bottes et un sac à main en cuir et des. . .

MOI: Attends ! De quoi tu parles ? Qui a besoin d'un sac à main en cuir ?

TINKER: La dame sans bras.

MOI: Ne sois pas ridicule ! Elle n'a pas besoin d'un sac à main.

TINKER: Pourquoi pas ?

MOI: Parce qu'elle ne va nulle part !

TINKER: Ah bon, alors, juste un beau pull, un pull à col roulé, une vraie jupe et des bottes très chics. Qu'est-ce que vous en pensez ?

MOI: Je ne pense pas qu'ils vont lui donner des vêtements.

TINKER: Mais pourquoi pas ?

MOI: Pour quoi faire ?!!

TINKER : Parce que c'est Paris, la capitale mondiale de la mode. Je suis sûre qu'ils veulent que leur peuple ait l'air joli.

MOI : Ce n'est pas « leur » peuple. Elle n'est même pas française, elle est grecque !

TINKER : Ils ne veulent pas mettre de vêtements sur les Grecs ?

MOI : Ce n'est pas la question ! On parle de la Vénus De Milo ! C'est une oeuvre d'art emblématique ! Ils ne vont pas lui mettre des vêtements !!!

TINKER : Ah, bien sûr, maintenant je vois. Pas de vêtements. Bon, dans ce cas, peut-être juste des boucles d'oreilles et un petit foulard de soie Dior, quelque chose de rose. J'adore le rose, c'est ma couleur préférée. . .

Quelque chose de spécial

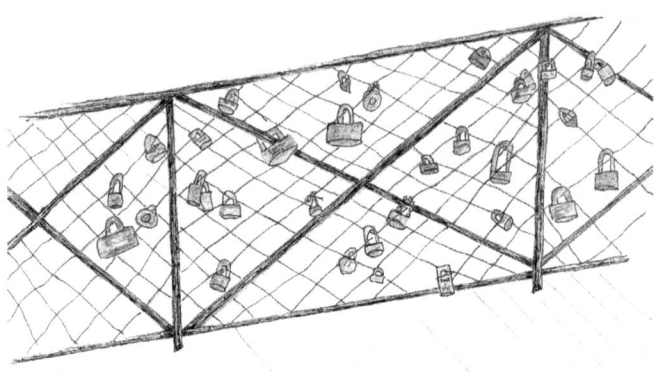

TINKER : Ce pont est curieux.

MOI : Oui, c'est le Pont des Arts.

TINKER : Est-ce qu'ils ont peur que quelqu'un le vole ?

MOI : Pourquoi est-ce que tu dis ça ?

TINKER : Parce qu'il y a beaucoup de cadenas sur le pont.

MOI : Ah ouais, les cadenas ne sont pas là pour protéger le pont, ce sont tout simplement des symboles.

TINKER : C'est quoi un symbole ?

MOI : Un symbole est quelque chose qui représente quelque chose d'autre.

TINKER : Et ils représentent quoi les cadenas ?

MOI : Ils représentent une relation spéciale.

TINKER : Ah, comme moi et mon vélo. J'ai un cadenas pour mon vélo parce que mon vélo est spécial pour moi.

MOI : Eh bien, pas exactement. Ces cadenas représentent une relation spéciale entre deux personnes.

TINKER : Entre deux PERSONNES ? Vraiment ?

MOI : Vraiment.

TINKER : C'est triste.

MOI : Pourquoi est-ce que c'est triste ?

TINKER : Apparemment ces personnes n'ont pas de vélos.

La raison cachée

TINKER: PSITT !... PSITT !!... Vous dormez ?

MOI: Plus maintenant !

TINKER: Ah, c'est dommage. Je ne voulais pas vous déranger, mais puisque vous êtes réveillée, est-ce que vous voulez savoir à quoi je pensais ?

MOI: Pas vraiment. Rendors-toi !

TINKER: D'accord, mais d'abord, je vais vous dire à quoi je pensais.

MOI: Très bien ! À quoi est-ce que tu pensais ?

TINKER: Je pensais que je devrais avoir un nom de famille.

MOI: Pourquoi ?

TINKER: Parce que tous les gens importants ont un nom de famille.

MOI: Ce n'est pas vrai. Il y a beaucoup de gens importants qui n'ont pas de nom de famille.

TINKER: Ah bon ? Qui ?

MOI: Voyons voir. Il y a Aristote, Charlemagne, Cléopâtre, Voltaire, Socrate, Molière, Bono, etc., etc.

TINKER: Qui sont ces gens ? Est-ce qu'ils sont importants ?

MOI: Ouais, mais pas à une heure du matin !

TINKER: Mais, je veux un nom important comme Monsieur Quatorze.

MOI: Ah, je vois ! Tu ne veux pas un nom, tu veux un nombre. Donc, choisis un nombre et **RENDORS-TOI** !

TINKER: Mais je ne sais pas quel nombre choisir.

MOI: Pourquoi pas le premier, le numéro un ?

TINKER: « Tinker I, » ça sonne bien.

MOI: Ouais, c'est facile à épeler et il ne faut pas savoir compter.

TINKER: J'aime ce nom. J'aime être la première.

MOI: Dans ce cas, pourquoi pas être « LA PREMIÈRE » à se rendormir !!!

TINKER: D'accord, bonne nuit. Mais juste une dernière chose.

MOI: Quoi ?

TINKER: Puisque j'ai un nom important, est-ce que je peux vous tutoyer maintenant ?

MOI: Ouah Tinker, bien joué, mais NON !

Plus c'est grand, mieux c'est

TINKER: Je suis de retour. Est-ce que vous voulez voir le souvenir que j'ai acheté chez le bouquiniste ?

MOI: Bien sûr.

TINKER: Voilà, c'est un livre !

MOI: Ouais, c'est ce que je vois. Quel livre est-ce que tu as acheté ?

TINKER: « GUERRE ET PAIX. »

MOI: Ton souvenir de Paris est un roman russe ?

TINKER: Ben non, ce n'est pas russe. J'ai regardé à l'intérieur et tous les mots sont en français.

MOI: Bien sûr, Léon Tolstoï - le grand écrivain français.

TINKER: Oui, mais « Tolstoï » est un nom français bizarre.

MOI: Ouais, on pourrait presque penser qu'il était russe.

TINKER: Comment ?

MOI: Laisse tomber. Donc, pourquoi est-ce que tu as acheté ce livre ?

TINKER: Parce que c'est un grand livre.

MOI: Et pourquoi est-ce que tu penses que c'est un grand livre ?

TINKER: Parce qu'il y a beaucoup de pages.

MOI : Ah ouais, je vois - plus il y a de pages, plus le livre est grand.

TINKER : Vous avez lu ce livre ?

MOI : Ouais.

TINKER : Qu'est-ce que vous en avez pensé ?

MOI : J'ai pensé qu'il avait beaucoup de pages.

TINKER : Ah, oui, c'est un grand livre !

La couleur de l'argent

TINKER : Vous aimez mon nouveau chapeau ?

MOI : Ouais, il est seyant.

TINKER : Merci, c'est un béret. Béret veut dire béret en français.

MOI : Sans blague !

TINKER : Je pense que ça me donne l'air très chic.

MOI : Ah oui, très français.

TINKER : J'adore faire les boutiques à Paris et la monnaie ici est jolie.

MOI : Ouais, elle est très colorée.

TINKER : Et elle est plus facile à utiliser que les dollars.

MOI : Pourquoi ça ?

TINKER : Tous les dollars sont de la même couleur, donc il faut savoir compter.

MOI : Ouais, et dans l'ordre.

TINKER : Oui, mais ici, on n'a pas besoin de savoir compter, seulement de connaître les couleurs.

MOI : Ah bon ? Ça marche comment ?

TINKER : C'est très simple. On peut acheter plus de choses avec l'argent bleu qu'avec l'argent rouge, mais on ne peut pas acheter autant avec l'argent rouge qu'avec l'argent vert.

MOI : Ouah Tinker, ta compréhension du système monétaire est ahurissante !

TINKER : Merci, c'est tellement important de connaître les couleurs !

Guerre et Paix

MOI : Qu'est-ce que tu fais ?

TINKER : Je suis en train de lire mon livre « Guerre et Paix. »

MOI : Il est à propos de quoi ce livre ?

TINKER : Il s'agit de la guerre et de la paix.

MOI : Ah bon ? Quelle surprise !

TINKER : Ah, oui. Mais je pense que vous aviez raison, ce livre est russe.

MOI : Pourquoi est-ce que tu dis ça ?

TINKER : Parce que les mots et les lettres ont l'air bizarres.

MOI : Peut-être qu'ils ont l'air bizarres parce que tu tiens le livre à l'envers.

TINKER : Ah là là, c'est pas facile à savoir parce que Monsieur Tolstoï n'a pas mis d'images dans son livre.

MOI : Ouais, eh bien, c'est le problème avec les grands écrivains en général, ils ne mettent pas beaucoup d'images dans leurs livres.

TINKER : C'est dommage, j'adore lire les livres avec des images.

MOI : Ouais, ils sont parfaits pour quelqu'un qui lit aussi bien que toi !

Paris, à l'envers

TINKER : Est-ce que je peux vous demander quelque chose ?

MOI : Ouais.

TINKER : On ne s'est pas perdues une seule fois aujourd'hui ! Est-ce qu'on devient parisiennes ?

MOI : Non, c'est parce qu'on n'a pas quitté l'hôtel aujourd'hui.

TINKER : Quand on va quitter l'hôtel, est-ce qu'on va se perdre ?

MOI : Non.

TINKER : Pourquoi pas ?

MOI : Parce que j'ai acheté un plan.

TINKER : C'est ça le plan que vous avez acheté ?

MOI : Ouais.

TINKER : C'est dommage !

MOI : Pourquoi c'est dommage ?

TINKER : Parce que la Tour Eiffel est à l'envers sur ce plan.

MOI : La Tour Eiffel n'est pas à l'envers, le plan est à l'envers.

TINKER : Pourquoi est-ce qu'ils feraient un plan à l'envers ?

MOI : Ils n'on pas fait le plan à l'envers, tu le tiens à l'envers !

TINKER : Ah, je vois. Est-ce qu'il faut toujours tout mettre à l'endroit ?

MOI : Ouais, mais seulement en FRANCE !

En parlant de légumes

TINKER: Excusez-moi... EXCUSEZ-MOI !! Je n'arrive pas à dormir !

MOI: Moi, j'y arrive !

TINKER: Mais, je suis inquiète.

MOI: Bon, d'accord ! Qu'est-ce qui t'inquiète ?

TINKER: J'ai peur de ne pas être une vraie française.

MOI: Qu'est-ce qui te fait croire ça ?

TINKER: Je ne comprends rien aux Français.

MOI: Par exemple ?

TINKER: Pourquoi est-ce qu'ils prétendent que le deuxième étage est le premier étage, que ce qui est vieux est nouveau, et pourquoi tout doit être à l'endroit ?

MOI: Désolée, je ne sais pas. Pourquoi ne pas leur demander ?

TINKER: Ah, non, non ! Je ne pourrais pas faire ça.

MOI: Pourquoi pas ?

TINKER: Parce que je ne veux pas avoir l'air d'être trop curieuse. Peut-être que ce n'est pas mes carottes.

MOI: Oignons !

TINKER: Comment ?

MOI: Tu t'es trompée de légume.

TINKER: Comment ?

MOI: On dit « OIGNONS ! » C'est pas mes OIGNONS !

TINKER: C'est pas VOS oignons ?

MOI: NON ! C'est pas TES OIGNONS !

TINKER: Ah, bien sûr, je vois. C'est VOS oignons, pas MES oignons ! C'est mieux parce que je n'aime même pas ça les oignons, mais j'adore les carottes, le brocoli, les petits pois, les auberg... Z Z Z

MOI: ! ! !

Les préparations

TINKER : J'ai fini la liste pour notre pique-nique de demain.

MOI : Il y a beaucoup de desserts pour un pique-nique.

TINKER : Je pense qu'on doit manger le dessert plus d'une fois.

MOI : Ouais, c'est une bonne idée.

TINKER : Est-ce qu'on peux manger notre pique-nique près du lac dans le parc ?

MOI: Ouais, ce serait agréable. On ferait bien d'aller se coucher, il est tard.

TINKER: D'accord, mais juste une dernière chose.

MOI: Qu'est-ce que c'est ?

TINKER: VOILÀ ! Mon permis de conduire ! Je l'ai fait moi-même.

MOI: Evidemment. Mais pourquoi est-ce que tu as besoin d'un permis de conduire ?

TINKER: Pour qu'on puisse louer des scooters pour aller pique-niquer.

MOI: Ah là là...

TINKER: Vous avez raison, il est tard. Il faut aller se coucher, on a beaucoup de route à faire demain. Faites de beaux rêves.

MOI: C'est facile à dire pour toi !

Un arbre

TINKER : On dirait pas un parc. On est où ?

MOI : Je ne sais pas. Je pense qu'on s'est trompées de chemin. Tu as apporté le plan ?

TINKER : Oui. Voilà !

MOI : Qu'est-ce que c'est ?

TINKER : Ben, c'est le plan.

MOI : Où est le plan que j'ai acheté ?

TINKER : À l'hôtel. Je ne l'ai pas apporté.

MOI : Pourquoi pas ?

TINKER: Il y avait beaucoup de noms et de lignes sur le plan, c'était trop compliqué, donc j'ai fait ça. C'est plus simple, n'est-ce pas ?

MOI: Euh, ouais ! On pourrait dire que c'est presque trop simple.

TINKER: Vous voyez, j'ai dessiné un arbre là où il y a le parc. Je dessine bien les arbres.

MOI: Ouais, tu es une véritable **MONET !!**

TINKER: Oh, arrêtez, vous allez me faire rougir ! Est-ce que je peux vous demander quelque chose ?

MOI: Ouais.

TINKER: Est-ce qu'on est perdues ?

MOI: Bien sûr que non. C'est impossible. Après tout, on a une feuille de papier avec **UN ARBRE DESSUS !!**

TINKER: Ahhhh, j'adore le saxophone !

MOI: Moi aussi. Ça a été inventé à Paris.

TINKER: Ah bon ? Je ne savais pas.

Nom d'un chat !

TINKER: Oh là là, on a passé une super journée aujourd'hui !

MOI: Ouais, ben, la journée est terminée. On devrait aller se coucher. Je suis épuisée.

TINKER: PAS MOI ! Je ne suis pas du tout fatiguée !

MOI: Bien sûr que non ! Après tout, tu as fait deux siestes aujourd'hui - une au parc et l'autre au poste de police !

TINKER: C'était ennuyeux au poste, on y était pendant longtemps.

MOI: Ouais, eh ben, il y a beaucoup de formulaires à remplir quand quelqu'un écrase un **CHAT** avec son **SCOOTER** !!!

TINKER: C'était un accident. D'ailleurs, je ne l'ai pas complètement écrasé, seulement sa queue.

MOI: Peu importe ! Je ne veux pas en parler. Je vais me coucher. Je vais me lever tôt demain pour aller acheter mon souvenir de Paris.

TINKER: C'est fantastique ! Qu'est-ce que vous allez acheter ?

MOI: Je vais acheter un grand bâton comme celui de Guignol.

TINKER: Guignol est très drôle avec son grand bâton. Mais qu'est-ce que vous allez en faire ?

MOI: J'ai une devinette pour toi !

TINKER: Une devinette ? J'adore les devinettes !

Les cloches

TINKER: On s'est promenées partout. Je ne peux pas faire un pas de plus. J'ai tellement mal aux pieds.

MOI: Ne sois pas ridicule, tu n'as pas de pieds.

TINKER: Quoi ?

MOI: Tu m'as bien entendue, tu n'as pas de pieds !

TINKER: Je n'ai pas de pieds ?

MOI: Non !

TINKER: Qu'est-ce que j'ai, alors ?

MOI: Tu as des pattes.

TINKER: C'est quoi des pattes ?

MOI: Ce sont tes pieds.

TINKER: Oui, c'est ce que j'ai dit, j'ai mal aux pieds.

MOI: Peu importe. On peut s'asseoir là-bas.

TINKER: OH LA VACHE ! C'est énorme !

MOI: Shhhh !

TINKER: Vous avez entendu ça ? Je peux faire un écho -

BONJOUR.. BONJOUR. . BONJOUR

MOI : Chut !

TINKER : Pourquoi ? Est-ce que quelqu'un dort ?

MOI : Non, mais c'est Notre-Dame.

TINKER : Ah, je vois, Notre-Dame. Donc, qui habite ici ?

MOI : Personne. C'est une cathédrale, personne n'habite ici. Ah non, attends, ce n'est pas vrai. Quasimodo habite ici.

TINKER : C'est qui Quasimodo ?

MOI : C'est le sonneur des cloches.

TINKER : Ah, il sonne les cloches.

MOI : Ouah Tinker, tu as un raisonnement hors du commun !

TINKER : Merci.

MOI : De rien.

TINKER : Pourquoi est-ce qu'il sonne les cloches ?

MOI : Pour que les gens de Paris sachent quelle heure il est.

TINKER : Nom d'un chien ! Vous voulez dire que les gens de Paris ne savent pas lire l'heure ?

MOI : C'est ça !

TINKER : Ils en ont de la chance.

MOI : Ah bon ? Pourquoi ?

TINKER : Parce que c'est très difficile de lire l'heure. Il faut savoir compter jusqu'à douze et parfois, il faut compter jusqu'à douze deux fois en un seul jour !

MOI : Et dans l'ordre ! Je vois pourquoi c'est un problème, surtout pour toi. Maintenant, c'est l'heure d'y aller.

TINKER : D'accord, mais juste une dernière chose.

MOI : Ouais ?

TINKER : Pourquoi est-ce que Quasimodo a le droit de sonner les cloches ?

MOI : C'est une longue histoire.

TINKER : Vous pourriez me la raconter ?

MOI : Non, sérieusement, c'est une histoire qui est vraiment longue.

TINKER : Ah, je vois. C'est comme « Guerre et Paix. »

MOI : Ouais, il y a beaucoup de pages et pas d'images !

TINKER : D'accord, une autre fois alors.

MOI : Ouais, une autre fois.

Un petit faux pas

TINKER : Pourquoi est-ce que tout le monde chuchote ?

MOI : Je ne vois pas ce que tu veux dire.

TINKER : Ben, quand les Français se saluent, ils se chuchotent quelque chose à l'oreille.

MOI : Ah, tu parles de la bise !

TINKER : Comment ?

MOI : Rien.

TINKER : Vous pensez que les Français n'entendent pas très bien ?

MOI : Pourquoi tu dis ça ?

TINKER : Parce qu'après s'être murmuré quelque chose à l'oreille, ils murmurent aussi à l'autre oreille.

MOI : Oh ouais, je ne pense pas que les Français puissent entendre des deux oreilles. Mais c'était quoi ta question ?

TINKER : Je me demandais à propos de quoi les gens chuchotaient ?

MOI : Ils parlent sûrement de toi derrière ton dos.

TINKER : AH BON ? MOI ?

MOI : Ouais, toi !

TINKER : Est-ce qu'ils parlent de moi derrière mon dos parce que je suis populaire ?

MOI : Non, ils parlent de toi derrière ton dos à cause de l'incident à Versailles.

TINKER : Ah là là, je ne comprends toujours pas pourquoi on en a fait tout un fromage.

MOI : Tu as fait une sieste sur le trône de Louis XIV !

TINKER : Je ne vois toujours pas le problème. Monsieur Quatorze ne l'utilisait pas. En fait, je ne crois pas qu'il était là du tout.

MOI : Ouais, eh bien, ça ne me surprend pas. Mais là n'est pas la question.

TINKER : C'était à peine ma faute. Versailles, c'est très grand, je voulais seulement me reposer. Je n'avais pas l'intention de m'endormir.

MOI : Il faut faire attention aux endroits que tu choisis pour tes siestes. Les Français prennent leurs trônes au sérieux.

TINKER : D'accord, je ne le referai pas. D'ailleurs, ça reste entre vous et moi, mais le trône de France n'est pas si confortable que ça !

MOI : Ouah, Tinker, quelle perspicacité. Malheureusement, tu n'es pas la première à découvrir ça.

TINKER : Oui, le siège a besoin de plus de rembourrage.

MOI : Ouais, c'était certainement le problème.

TINKER : Une dernière chose. Est-ce que vous êtes sûre que c'est à propos de moi qu'ils chuchotent ?

MOI : Permets-moi de te poser une question. Est-ce que tu les as déjà vus faire ça quand tu n'étais pas là ?

TINKER : Non.

MOI : Je n'ai rien à ajouter !

Mot à mot

MOI : Extinction des feux, c'est l'heure d'aller au lit.

TINKER : Dans une petite minute s'il vous plaît. Je suis en train d'écrire mon glossaire.

MOI : Tu écris un glossaire ?

TINKER : Oui. J'ai presque terminé.

MOI : D'accord, mais juste une minute de plus.

TINKER : Et voilà le travail !

Mon Glossaire

Français	Anglais
1. Moi	My best friend
2. moi	me
3. Tutoyer	To use a special "you". If you're a dog, you can't tutoyer anyone, especially old people, policemen and the lady at the bakery.
4. Chien	C'est moi, a girl one
5. Suisse	It's over there →
6. Nom d'un chien!	Oh my gosh!

page 2

7. Vacances — It's always plural. I think that means the French take a lot of vacations.

d. Mon peuple — Les Français

11. Étranger — France

10. Étrange — See above

8. À l'étranger — C'est moi

9. 20h30 — 8:30 at night. I think the French do it this way because they can't tell the difference between night and day.

11. Taxi — Taxi

2E. Oula! — Whoa!

12. Rez-de-chaussée — The first floor

1E. Le premier étage — The first floor, but not really

22. Fromage — If you eat enough fromage, you can be French.

19. Oh la vache! — Holy cow!

page 3

3. Pain au chocolat — Très délicieux!
25. Ouah! — Wow!
30. Sans blague — No kidding
31. Douée — C'est moi avec un «E» supplémentaire parce que je suis une fille
32. Le Pont Neuf — A misnomer
33. Ouf! — Whew!
18. Grand — Something great big
20. En faire tout un fromage — I don't know what this means, I just know the French make a big fuss about cheese.
12. Monet — C'est moi.
13. Oh Bigre! — Oh Boy!
13. Versailles — I think it's a hotel
44. Trône — A fancy schmancy chair
65. Et rebelote — Here we go again
99. Voilà! — TA-DA!

MOI: C'est un travail très impressionnant.

TINKER: Merci. Ça m'a pris beaucoup de temps. C'est très difficile de dessiner des étoiles.

MOI: Je vois ça.

TINKER: Est-ce que vous savez qu'il y a beaucoup de mots français ?

MOI: Ouais. Selon ton glossaire, il y a au moins quatre-vingt dix-neuf moins soixante-sept mots.

TINKER: À votre avis, pourquoi est-ce que les Français ont tant de mots ?

MOI: Je ne sais pas. Ils ont peut-être beaucoup à dire.

TINKER: Ah bon ? Comme quoi ?

MOI: Comme, « Extinction des feux, c'est l'heure d'aller au lit. »

TINKER: Ah oui, mais comment dit-on ça en français ?

MOI: Bonne nuit.

TINKER: Bien sûr, bonne nuit. Le français, c'est si facile.

MOI: Surtout pour toi. Bonne nuit Tinker.

TINKER: z Z Z

La dernière nuit

TINKER: C'est notre dernière nuit à Paris, est-ce qu'on va aller dans un endroit spécial ?

MOI: Oui.

TINKER: Où ?

MOI: À l'opéra.

TINKER: L'opéra ! C'est super ! C'est quoi un opéra ?

MOI: C'est comme une pièce de théâtre mais les acteurs chantent au lieu de parler et il y a un orchestre.

TINKER: Une comédie musicale ! Ça va être très amusant !

MOI: Non, ça va être très tragique !

TINKER: Tragique ? Ah bon ? Cet opéra, il parle de quoi ?

MOI: Il parle de Carmen.

TINKER: C'est qui, Carmen ?

MOI: Carmen est une femme qui tombe amoureuse de deux hommes. C'est le triangle amoureux classique.

TINKER: Oh là là, un triangle amoureux, c'est tellement français !

MOI: Non, c'est plutôt espagnol.

TINKER: Pourquoi espagnol ?

MOI: Parce que Carmen est espagnole. En fait, tous les personnages sont espagnols.

TINKER: Pourquoi est-ce qu'ils sont tous espagnols ?

MOI: Parce que cet opéra se passe à Séville, en Espagne.

TINKER: Oulà, ça va être un problème.

MOI: Pourquoi ?

TINKER: Parce qu'on ne comprend pas l'espagnol.

MOI: Pas de problème. Ils chantent en français.

TINKER: Mais pourquoi est-ce les personnages espagnols en Espagne chantent en français ?

MOI: Parce que le compositeur est français.

TINKER: C'est qui le compositeur ?

MOI: Bizet.

TINKER: Ah, je vois. Mais est-ce que Bizet a écrit un opéra sur des Français, à Paris ?

MOI: Non, mais Puccini a écrit un opéra sur des artistes à Paris.

TINKER: Quel opéra ?

MOI: La Bohème.

TINKER: La Bohème, c'est si français !

MOI: Non, c'est plutôt italien !

TINKER: QUOI !

MOI: Et rebelote ! ! !

Une tenue qui a du chien

TINKER : Comment vous me trouvez ?

MOI : Ouah, Tinker, les mots me manquent !

TINKER : Je me suis mise sur mon trente-et-un.

MOI : Ouais, c'est le moins qu'on puisse dire !

TINKER : Merci. On pourrait dire que je me suis mise sur mon quarante onze-et-un.

MOI : Ah ouais, ce nombre-LÀ te décrit parfaitement !

TINKER : Vous pensez que j'ai l'air élégante ?

MOI : Bien sûr, le diadème en plastique respire l'élégance.

TINKER : Merci, c'était dans mon Kinder Surprise ! Est-ce que vous y croyez ?

MOI : Complètement !

TINKER : Je veux être à mon avantage pour l'opéra. Au fait, vous sentez mon parfum ?

MOI : Les gens à l'autre bout de la ville peuvent sentir ton parfum.

TINKER : Est-ce que vous pensez que l'odeur est trop forte ?

MOI : Si tu es un fromage, non !

Acte I Scène I

Tout bien réfléchi

MOI: Il est tard, c'est l'heure d'aller au lit.

TINKER: Je ne suis pas du tout fatiguée.

MOI: Je me demande pourquoi !

TINKER: Les sièges à l'opéra sont très confortables.

MOI: Ouais, trop confortables peut-être. Je vais me coucher, maintenant. On a une journée chargée demain.

TINKER: Pourquoi on part demain ?

MOI: Il est temps de rentrer aux Etats-Unis.

TINKER: Pourquoi ?

MOI: Parce que c'est chez nous.

TINKER: On peut pas vivre ici ?

MOI: Ne sois pas bête, qu'est-ce qu'on ferait si on restait ici ?

TINKER: Je pourrais être guide touristique. J'ai un don extraordinaire pour me perdre et je pourrais aider les touristes à trouver la Tour Eiffel.

MOI: Ouah, Tinker, quelle bonne idée, après tout, elle est tellement bien cachée !

TINKER: SUPER! Ça veut dire qu'on peut rester ?

MOI: Non !

TINKER: D'accord, mais quand on rentrera aux Etats-Unis, je pourrai vous tutoyer ?

MOI: Non !

TINKER: Pfff...

Au revoir

MOI : Allons-y, c'est l'heure de l'enregistrement.

TINKER : Je pense toujours qu'on devrait rester ici.

MOI : Ce n'est pas possible et en plus, si on ne rentre pas à la maison, on ne récupérera pas les heures qu'on a perdues à l'aller.

TINKER : C'est pas grave. On peut les donner à quelqu'un d'autre.

MOI : Je suis sûre qu'il y a beaucoup de gens qui pourraient utiliser un peu de temps supplémentaire, malheureusement, ça ne marche pas comme ça.

TINKER : C'est dommage.

MOI : Ouais, maintenant on doit se dépêcher sinon on va rater notre vol ! Allons-y !

TINKER : Non.

MOI : NON ?

TINKER : NON !

MOI : Pourquoi tu es si têtue ?

TINKER : Je ne suis pas têtue, je suis française.

MOI : Tu es un CHIEN !

TINKER : Oui, un chien français.

MOI : Ah, je vois où ça va nous mener tout ça, on va se retrouver au point de départ.

TINKER : Qu'est-ce que vous voulez dire ?

MOI : Rien, allons-y.

TINKER : Je reste ici.

MOI : Comme tu veux! Je vais à l'enregistrement. Si tu changes d'avis, je te retrouve à la porte d'embarquement.

oh là là . . .

. . . . .

Le coeur mène où il va

MOI: Excusez-moi, vous savez où je peux trouver la Tour Eiffel ?

TINKER: C'est par là. . . pfff . . .

MOI: Excusez-moi de vous déranger à nouveau, mais êtes-vous Tinker la célèbre guide touristique ?

TINKER: Oui, c'est moi. . . pfff . . .

MOI: Non, tu n'es pas moi, je suis MOI.

TINKER: Pardon ?

MOI: C'est MOI !

TINKER: Quoi ? . . QUOI !!! NOM D'UN CHIEN ! C'EST VOUS ?

MOI: Ouais, c'est MOI !

TINKER: NOM D'UN CHIEN !! C'EST VOUS !

MOI: Tu te répètes !

TINKER: Vous avez raté votre vol ?

MOI: Non. Donc, on s'offre un taxi ?

TINKER: OH BIGRE ! Je peux vous poser une question, s'il vous plaît ?

MOI: Je t'écoute.

TINKER: Puisqu'on va rester en France, je peux vous tutoyer ?

MOI: Euh. . . j'y réfléchirai.

TINKER: Oh là là ! Ça, c'est du progrès !

C'est ansi que l'aventure commence...

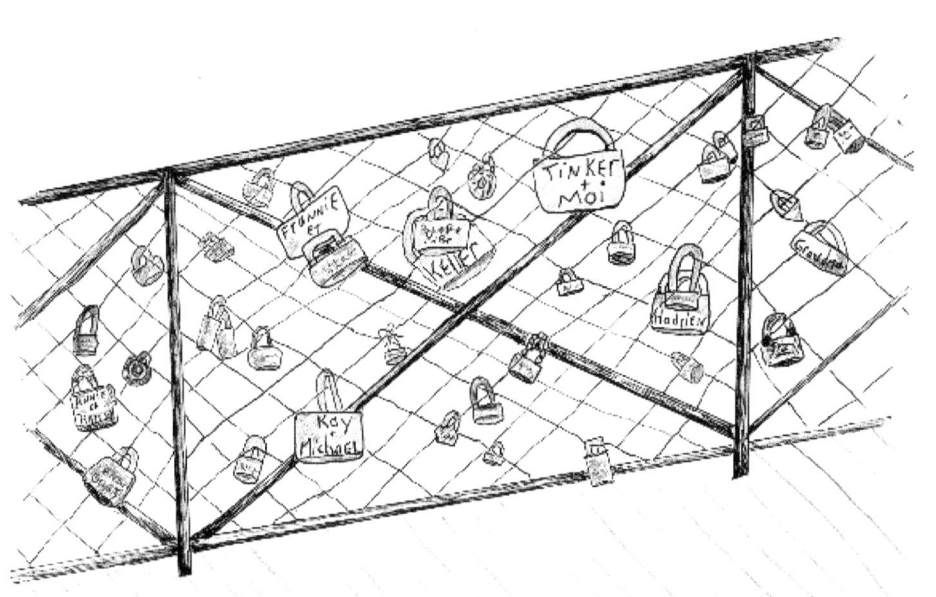

Epilogue

Au cours de mes études, j'ai pris conscience de trois choses : premièrement, je ne parlerai jamais français couramment ; deuxièmement, la première chose n'a pas d'importance parce que la joie que j'ai éprouvée dans ma poursuite d'une meilleure compréhension de la langue française compense les épreuves, et troisièmement, je suis en paix avec le fait que mon chien parle mieux français que moi.

www.ingramcontent.com/pod-product-compliance
Lightning Source LLC
Chambersburg PA
CBHW050603300426
44112CB00013B/2044